## 김동열

1974년 경북 경산에서 태어나 넉넉한 자연과 이야기가 숨 쉬는 고장에서 자랐다. 어릴 적부터 사람과 세상 사이의 이야기를 유난히 귀 기울여 듣던 그는, 세상 속 다양한 목소리를 기록하고 나누는 삶을 꿈꿨다.

세월이 흐르며 그는 언론사의 사업기획본부장 겸 이사로 재직하며, 사람과 시대의 흐름을 이어가고 새로운 이야기를 찾아 묵묵히 자신의 길을 걸어갔다. 하지만 늘 그의 마음 한켠에는 따뜻하고 작은 이야기들이 머물렀다.

바쁜 일상 속에서도 그는 글을 쓰고, 일상을 노래하며 '이야기'가 가진 힘을 믿었다.

그 믿음은 주말엔스토리카페를 열게 하였고, 그곳은 이야기를 품은 공간이자 사람들과 나눌 수 있는 쉼표 같은 곳이 되었다. 그곳에서 그는 무심히 지나칠 수 있는 평범한 순간과 주말의 여백을 이야기로 채워 나갔다.

이번에 펴내는 첫 시집 『첫번째주말엔스토리』 "사진 속 이야기, 시로 물들이다"는 그의 일상과 그 일상 속 이야기들이 가만히 흘러와 머무른 기록이다. 그는 이 시집을 통해 주말의 고요함과 사람들의 소박한 삶을 노래하며, 모든 이들에게 따뜻한 위로와 공감을 건네고자 한다.

"바쁜 세상에서 잠시 멈추어 당신의 이야기를 들어줄 공간이 필요했습니다. 그곳이 바로 주말엔스토리카페이었고, 주말의 이야기를 담은 이 시집입니다."

첫번째주말엔스토리
사진 속 이야기, 시로 물들이다.
초판 발행일
2025년 1월 2일
지은이 | 김동열
펴낸이 | 김동열
펴낸곳 | 주말엔
주소
경기도 양평군 옥천면 검듸길 8-2
ISBN | 979-11-990873-0-9 (03800)

* 이 책의 저작권은 지은이 김동열과 주말엔 출판사에 있습니다.
* 어떠한 형태로든 사전 서면 동의 없이 본 책의 내용 전체 또는 일부를 전재하거나 복제할 수 없습니다.
* 잘못된 책은 구입처에서 교환해드립니다.

# Cafe Story Poetry

2년 전, 작은 설렘과 기대를 안고 '주말엔스토리카페'를 열었습니다. 세상에 넘쳐나는 카페들 중 하나일 뿐이라고 생각했지만, 이곳에서 만난 사람들과 나눈 이야기는 어느덧 제 삶을 더 따뜻하게 물들였습니다. 평범한 일상 속에서도 순간순간 빛나는 특별함이 존재한다는 것을 깨닫게 되었죠.

이 시집 '사진 속 이야기, 시로 물들이다'는 그 특별한 순간들을 사진과 시로 풀어낸 기록입니다. 제가 직접 보고 느낀 풍경과 사람들, 그리고 이 공간이 품어준 따뜻한 시간들이 고스란히 담겨 있습니다.

50이라는 나이를 맞이하며 막연했던 불안함을 이겨내고, 오히려 더 소중한 것들을 발견하게 된 제 이야기이기도 합니다.

이 시집을 읽으며 여러분도 일상 속에서 놓치고 있던 작고 소중한 행복들을 다시금 떠올렸길 바랍니다. 그 작은 행복들이 모여 우리 모두의 하루를 더 풍요롭게 만들어주기를 진심으로 바랍니다.

이제, 제가 담아낸 이야기의 작은 조각들을 여러분과 함께 나누고자 합니다. 시와 사진 속에 스며든 따뜻한 순간들을 함께 걸어주신다면 더할 나위 없이 행복할 것 같습니다.

감사합니다.

주말엔스토리카페에서

# 목 차

1. "一十百千萬" 나의 좌우명
2. 50에서 60으로 가는 길
3. 알리오올리오의 강력한 변신! 새우루꼴라오일 파스타의 신선한 맛 탐험
4. 오늘은 돌풍과 황사비
5. 봄을 시샘하는 꽃샘추위
6. 4월의 시작
7. 철쭉에게 배운다
8. Endless Love
9. 햇살 속 라떼
10. 어린이날
11. 매콤함과 부드러움의 조화
12. 삶은 비와 같다
13. 이웃사촌
14. 우리는 부부다
15. 뽀모도로와 바질의 조화
16. 여름을 부르는 봄비
17. 6월의 꽃 장미
18. 불금 강원도의 향기, 낙산해변 바다로 빠져나오다
19. 찜통더위 속 행복한 하루
20. 날씨 참 좋다
21. 이탈리아 작은 골목을 거닐다 만날법한 정통 파스타의 맛집
22. 변할 것에 마음 쓰지 말자
23. 아직 젊다
24. 노란 대문~ 행복의 문

25. 금잔화가 고개를 떨구는 가을
26. 주말엔~ 마르게리따 화덕피자
27. 나만의 동굴 (MAN'S CAVE)
28. 클림트와 실레를 만나다
29. 양평의 이른 아침
30. 붉게 물든 석양을 바라보며....
31. 산 정상에서 미래의 환희와 함께 명상하는 순간
32. 주말엔 모짜렐라가 치킨을 만나는 날
33. 인생은 짧기만 한 게 아니야
34. 이것이 만두인가? 피자인가? 이탈리안 만두 칼조네
35. 음식을 잘하는 사람들은 굉장히 많다 하지만 어떻게 서빙하는지 모르는 사람들이 더 많다
36. 치즈의 속삭임 고르곤졸라피자
37. 주말엔 좋은 사람들과
38. 삶의 나침반
39. 오십의 책장 너머로
40. 나의 책, 세상이야기
41. 사랑의 속삭임, 까르보나라의 향기
42. 책을 읽지 않으면 삶은 변하지 않는다
43. 서울 자가에 대기업 다니는 김 부장 이야기
44. 자연이 선물한 환상의 작품
45. 한우스테이크샐러드
46. 시가 된 주말엔로제파스타
47. 버터로 볶은 밥 필라프
48. 황홀한 장관, 수평선 너머로 퍼지는 저녁노을
49. 두번째 주말엔스토리카페의 크리스마스
50. 새해 복 많이 받으세요

# "一十百千萬" 나의 좌우명

하루에 착한 일 한 번 하기.
하루에 열 번 웃기.
하루에 백 자 이상 쓰기.
하루에 천 자 이상 읽기.
하루에 만 보 이상 걷기.

# 1

## "一十百千萬" 나의 좌우명"

하루에 한 번 착한 일로 세상을 밝히고
열 번의 웃음으로 마음을 가볍게 하네
백 자를 쓰며 깊은 생각을 정리하고
천 자를 읽어 지혜를 넓히는 하루
만 보를 걸어 건강과 행복을 채운다

## 2

## "50에서 60으로 가는 길"

반백의 나이에 다시 도전의 불꽃을 지피고
주말엔스토리카페에서 이탈리안 요리에 마음을
담았다
직장에서 일은 내 꿈의 밑거름이 되어주었고
드디어 나의 진짜 직업을 찾아내었다
오십에서 육십으로 나만의 길을 걸어간다

## 3

"알리오올리오의 강력한 변신!
새우루꼴라오일 파스타의 신선한 맛 탐험"

마늘 향 가득한 올리브의 노래
황금빛 오일 속 춤추는 새우의 유희
루꼴라 바람 따라 퍼지는 초록의 향기
이탈리아 정취를 담은 접시위의 선율
지친 하루를 위로하는 한 조각의 꿈

# 4

## "오늘은 돌풍과 황사비"

돌풍 예보 아래 황사비 젖은 길을 두 발 나란히
디디며 걸어간다
거친 바람에도 흔들리지 않는 나무의 굳건한
뿌리처럼
먼지 낀 하늘 저 너머 맑은 빛을 품은 하늘을
그리며
서로의 어깨를 스치는 따스한 손길로 불안을 조용히
어루만진다
다시 찾아올 햇살 아래 웃음으로 서로를 물들이리

# 5

## "봄을 시샘하는 꽃샘추위"

한낮의 따사로움이 채 식기도 전에 꽃샘추위가 문득 문턱을 넘는다
꽃들이 수줍게 얼굴을 내민 그 사이로 차가운 바람이 갑작스레 삶의 숨결을 흔든다
마치 예기치 못한 변화에 흔들리는 우리 삶처럼
흔들리지만 그 흐름은 멈추지 않는다
그 속에서도 의미를 찾으며 더 단단히 다져간다
이 꽃샘추위 끝자락엔 더욱 눈부신 봄이 우리 앞에 피어날 것이다

## 6
## "4월의 시작"

봄바람은 미소를 짓고 벚꽃은 춤을 춘다
맑디맑은 하늘아래 햇살이 노래하듯
달콤한 꿈을 품고 하루를 열어간다
4월의 첫 주말 행복으로 물드는 봄날이 시작된다
희망 가득한 날 행복을 안고 이 봄을 맞으리

# 7

## "철죽에게 배운다"

주말엔스토리카페에 핀 하트모양 철죽
사랑 담긴 이야기들로 봄소식 전하네
어우러진 꽃들이 고운 자태를 뽐내듯
함께할 때 더욱 빛나는 우리네 삶
철죽에게 배운다 함께라서 행복한 진리를

# 8

## "Endless Love"

빨간 시소 의자 위에 펼쳐진 사랑
왼편에 앉은 여자의 기다림 속에
남자가 다가와 오른편에 앉을 때
그녀는 미끄러져 그의 품에 안긴다
'Endless Love' 끝없는 사랑의 이야기

## 9

## "햇살 속 라떼"

장미 한 송이 커피잔에 피어나고
주말엔라떼 한잔의 달콤한 향기가 이야기를 부른다
햇살 머무는 창가에 앉아
아름다운 순간이 사라지기 전 아름다움을 마시고
그 순간을 마음에 담아 둔다

## 10
## "어린이날"

어린 시절 어린이날 어머니가 손에 쥐여준 작은 용돈의 추억이 달콤한 아이스크림처럼 마음 깊은 곳에 녹아내린다
그 아련한 기억들은 바람결에 흔들리며 속삭이고
이제 내가 아이 손에 쥐여주는 용돈 속에서
웃음소리가 가득 번진다
그 웃음은 내 가슴을 따스하게 적시며
어머니의 오래된 마음은 그렇게 이어져 내 가슴 속에 사계절 내내 흐른다

## 11

## "매콤함과 부드러움의 조화"

부드러운 크림이 품은 풍미의 물결
살짝 스치는 매운 향이 유혹을 더한다
새로운 맛에 대한 설렘은 입소문을 타고 퍼지고
입속에서 전해지는 부드러움과 매콤함의 또 다른 이야기
모두의 식탁 위에 오르며 더욱 특별한 이야기가 된다

## 12

## "삶은 비와 같다"

굵은 장맛비 대지를 적시며 마음 깊이 스며들고
마음 깊은 곳엔 고요한 흔들림으로 걱정과 불안이
자리한다
비가 내릴 때마다 삶의 무게를 헤아리며
비가 그친 뒤 찾아올 맑은 날의 약속
이 또한 지나가리라는 믿음으로 새로운 시작을
꿈꾼다

## 13

## "이웃사촌"

창가를 두드리는 아침 햇살
양여사님의 따뜻한 인사에 하루가 밝아온다
김치 향 가득한 저녁 웃음과 정이 함께 흐르고
주말 바비큐에 나눈 음식과 대화는
이웃을 넘어 가족처럼 삶을 나누는 기쁨이 된다

## 14

## "우리는 부부다"

우리는 21년을 함께 걸어온 부부
세 아이와 나눈 순간마다 행복과 감사가 가득하다
이 사람이 아니었다면 누가 나와 함께 했을까
서로를 찾은 우리의 사랑은 어디서도 찾을 수 없는 특별함이다
앞으로도 함께라면 어떤 어려움도 이겨내고 영원히 변치 않을 사랑으로 살아가리

## 15

## "뽀모도로와 바질의 조화"

봄날 햇살 속 뽀모도로와 바질이 어우러진 파스타 한 그릇
달콤한 토마토와 신선한 바질의 향기가 입안을 가득 채우며
한 입마다 봄의 싱그러움이 스며든다
토마토와 바질이 어우러진 맛의 향연 뽀모도로 바질 파스타
이 특별한 맛과 함께 여유로운 주말이 더욱 빛난다

## 16

## "여름을 부르는 봄비"

비 내리는 오늘 봄의 그림자는 고요히 뒤돌아선다
빗방울들은 여름으로 향하는 고요한 문을 두드린다
이 빗방울 속에 그리움과 설렘이 한줌씩 스민다
젖은 그리움 속에서 무겁던 감정들은 가볍게 흩어진다
이제 나는 이 비와 함께 무거운 마음을 내려놓고 새로 움트는 자유로 나아간다

## 17

## "6월의 꽃 장미"

금요일 끝자락에 붉은 향기가 바람에 머물면
그 붉은 빛 속에 마음이 포근히 물들어 간다
향기로운 꽃잎 사이로 말없이 완전한 예술로
피어난다
그저 바라볼 뿐인데 가슴속에는 어느새 새로운 꽃이
피어난다
눈을 감아도 가슴 한 구석에 오래 머문다

## 18

## "불금 강원도의 향기, 낙산해변 바다로 빠져나오다"

무작정 바다로 향한 여정 출렁이는 파도에 마음이 풀리고
구름 뒤에 숨은 달빛 아래 낙산해변에 닿아 서니
바다의 숨결은 우리 삶의 불확실함 속에 고요한
안식처가 되어 희망을 비춘다
한 시간의 짧은 머묾 속 영혼은 잔잔한 물결로
정화되어
바다는 인생의 긴 여정에 용기와 평화를 준다.

## 19

## "찜통더위 속 행복한 하루"

찜통더위 속 주말엔스토리카페
사람들 속에서 흐르는 작은 기쁨
책 한 권에 여유를 담고
뜨거운 날씨도 잊은 채
행복한 순간을 만끽하는 시간

## 20

## "날씨 참 좋다"

하늘의 푸르름은 깊고 바람은 노래하고
나무는 춤추며 속삭이고 시간은 멈춘 듯
마음에 고요히 스며든다
창밖의 풍경은 완벽한 날씨 속 평온함이 깃들어
눈부신 아름다움으로 마음을 물들인다

## 21

## "이탈리아 작은 골목을 거닐다 만날법한 정통 파스타의 맛집"

뜨거운 여름날 나는 주말엔스토리카페에 들어선다
잔잔한 음악과 고소한 파스타 향기가 나를 감싼다
시원한 바람 아래 정통 이탈리아 파스타를 맛보며
부드러운 면과 깊은 소스가 지친 마음을 어루만진다
작은 이탈리아 골목길을 걷다 만난 듯한 이곳에서
나는 더위를 잊는다

## 22

## "변할 것에 마음 쓰지 말자"

세상은 변한다
사람도 자연도 시간도
모두가 흐르고 흩어진다
오직 변하지 않는 것이 있다면
내 마음뿐일지도 모른다

## 23

## "아직 젊다"

비 갠 하늘에 햇살이 구름 사이로 비치고 기억은 빗방울처럼 사라진다
문득 철없던 어린 시절의 내가 떠올라 무심코 미소 지었다
누군가 말하길 지난 날들이 생각나는 건 나이 들어서라 했다~ 나도 그런가?
10대엔 50대가 할아버지였는데 50대가 된 나는 아직도 젊다
햇살처럼 따뜻하고 잎사귀처럼 싱그러운 내 삶은 여전히 빛난다

## 24

## "노란 대문~ 행복의 문"

노란 대문에 햇살이 비치면
밝게 빛나는 마당에 행복이 스며든다
그 문을 지나면 마음에 꽃이 피고 행복의 바람이 감싼다
꿈과 소망이 펼쳐진 그 너머로
우린 희망을 안고 당당히 나아간다

## 25

## "금잔화가 고개를 떨구는 가을"

금빛 잎새 바람에 실려 흩어지며 고개를 떨군다
황금빛 꽃잎들이 바람 속에 내려앉으며 늦가을의 고요 속에 흙으로 스며든다
해를 닮았던 빛은 서서히 사라지고
지나온 계절을 닮은 꽃잎은 그리움을 머금고 땅 위에 잔상을 남긴다
흙으로 스미는 꽃잎은 덧없음 속에 그리움을 남기며 시가 된다

## 26

## "주말엔~ 마르게리따 화덕피자"

1889년, 나폴리의 햇살 아래 왕과 왕비의 발걸음이 머물렀고
라팔레로의 손끝에서 붉은 토마토 흰 모짜렐라 푸른 바질이 춤추듯 펼쳐졌다
왕비 마르게리따의 미소에 이름을 얻은 그 맛은
얇은 반죽 위에 색의 조화를 입은 채 세상에 퍼져나갔다
이탈리아의 자부심 마르게리따 피자는 이제
전 세계인의 입 안에서 숨 쉰다

## 27

## "나만의 동굴 (MAN'S CAVE)"

나의 서재는 지식과 영감을 주는 소중한 공간이다
좋아하는 책들로 가득한 이곳에서 나는 책을 읽으며 소중한 시간을 보낸다
힘든 순간마다 서재는 나를 위로하며 삶의 방향성을 찾게 해주었다
책을 읽으며 얻는 아이디어와 인사이트는 내 삶의 시야를 넓혀준다
그래서 서재는 나만의 동굴이자 나 자신과 대화하는 특별한 장소다

## 28

## "클림트와 실레를 만나다"

설레이는 마음으로 계단 끝에 서면
슬램덩크 피규어가 옛 추억을 일깨우고
황금빛 클림트의 그림 속에 마음이 스며들며 실레의
선에 깃든 삶의 비밀이 살짝 들려온다
곰돌이 얼음 둥둥 뜬 레드레몬에이드 한모금 다시
찾고픈 그곳

## 29

## "양평의 이른 아침"

서늘한 공기 온몸을 감싸 안고
산중턱에 드리운 안개는 시간이 멈춘 듯
가을 바람 나뭇잎 스치며 속삭이고
이른 아침 고요 속 숨죽인 평화로움
계절은 가도 이 순간은 영원히...

## 30

## "붉게 물든 석양을 바라보며...."

붉은 하늘 아래 바람이 속삭인다
파도는 지나온 날들의 이야기를 품고 출렁이며
춤춘다
지친 어제를 걸어온 나를 품에 안고 오늘의 나에게
조용히 말한다
내일은 더 밝게 더 힘차게 걸어가자고...
내일을 향한 희망이 다시 나를 일으킨다

## 31

## "산 정상에서 미래의 환희와 함께 명상하는 순간"

아침 해가 아직 산등성이에 머물 때 나는 숨결을 고르며 바위 끝에 홀로  앉았다
고요한 숨결 속에 잡념들이 투명히 가라앉고 바람은 부드럽게 귓가를 스쳤다
눈 감은 뒤 머릿속엔 울퉁불퉁 먼 산 너머 희망의 큰 그림이 빛났다
험한 능선을 넘어갈 힘과 열정이 내 가슴속에서 조용히 깨어나고
정적의 산이 내게 준 평온을 품고 나는 빛나는 아침을 향해 내려선다

## 32

## "주말엔 모짜렐라가 치킨을 만나는 날"

토마토 소스 붉게 물든 그릇에
부드러운 닭고기 조각들이 살포시 잠겨 풍미 가득 담고
모짜렐라 치즈 녹아내린 향기 속 마늘과 양파가 춤을 추며
매콤한 맛이 혀끝을 노래한다
빵과 함께하면 한입마다 세상이 부드러워진다

『좌화취월』 "꽃 속에 앉아 달빛에 취한다"

## 33

## "인생은 짧기만 한 게 아니야"

인생은 긴 강물처럼 흐르고 이제 백 세의 시간은 더 이상 먼 상상의 언덕이 아니다
사십대까지는 깊은 뿌리를 내리는 나무처럼 책임과 안정을 향해 몸을 낮추었고
오십부터는 내 안의 꽃을 피우며 하고 싶은 것을 찾아 두 번째 항해를 시작한다
팔십을 넘어서면 부드러운 이끼처럼 서로를 감싸며 노후의 쉼을 마주하리라
마지막까지 의미를 품은 관계 속에서 인생은 길고도 아름답다

## 34

## "이것이 만두인가? 피자인가? 이탈리안 만두 칼조네"

이것이 만두인가 피자인가 묻는 이여
반달 속에 감춰진 풍미의 비밀이여
피자와 만두 두 세계의 만남
밀가루 반죽에 토마토소스와 치즈를 품고
한입에 담긴 세계의 맛 이탈리안 만두 칼조네

## 35

"음식을 잘하는 사람들은 굉장히 많다
하지만 어떻게 서빙하는지 모르는
사람들이 더 많다"

맛있는 음식을 만드는 사람은 많다
하지만 그 맛의 매력을 완성하는 것은 서빙의
손길이다
따뜻한 미소와 진심 어린 대화가 더해질 때
비로소 빛을 발하고
음식은 혀끝에서 시작되지만 마음으로 기억되는
감동이 된다
서빙은 단순한 행위가 아닌 마음을 나누는 예술이다

## 36

## "치즈의 속삭임 고르곤졸라피자"

이탈리아 전통의 향이 부드럽게 스며드는 크림빛의 속삭임
은은한 생크림 소스와 함께 미묘한 치즈의 속삭임이 흘러내리고
뜨거운 화덕 속 녹아내린 치즈는 깊은 풍미의 시를 속삭인다
단순함 속에도 온 세상 혀끝을 매혹하는
오래된 이야기가 흐른다

## 37

## "주말엔 좋은 사람들과"

노을 진 숯불 위에 솥두껑이 뜨겁게 눕고
녹아드는 삼겹살 향이 바람 끝에 입을 맞춘다
입안 가득 퍼지는 진한 감동 한 점
따스히 흐르는 얘기들과 웃음은 그을린 저녁하늘에
맺힌 별이 되고
함께하는 고맙고 소중한 사람들의 미소가 한폭의
시가 된다

## 38

## "삶의 나침반"

책은 지혜의 문을 여는 열쇠
새로운 시야와 아이디어를 선물한다
삶의 문제를 풀 수 있는 지혜를 얻고 지식과
기술을 익혀 삶을 변화시킨다
책을 읽지 않으면 그 기회를 놓칠 뿐이다
삶의 나침반은 멈춘 채 머무르리

## 39

## "오십의 책장 너머로"

오십의 문턱에서 책장을 펼치면
낯선 길 위에 놓인 새로운 사유가 손짓한다
빠르게 흐르는 세상 속에서 책장을 넘길 때마다
지적 자극은 뇌를 고요히 흔들어 깨우고
책 속에서 발견한 색다른 취향은 내 인생에 작은
불빛이 되어 반짝인다
그렇게 인생의 다음 장을 향한 준비가 조용히
깊어진다

『시중유화』 "시 속에 그림이 있다"

## 40

## "나의 책, 세상이야기"

어린 시절 책은 나의 친구이자 세상을 여는 창이었다
책은 나에게 안식처가 되어 언제나 마음을 편안하게 했다
결혼 후에도 집은 책으로 가득 차 있었다
아이들에게도 책은 상상의 세계로 안내하는 선물이었다
그 책들 속에서 나는 세상을 알아가며 내 삶의 보물이었음을 깨닫는다

# 41

## "사랑의 속삭임, 까르보나라의 향기"

황금빛 햇살 속에 바람은 춤을 추고
까르보나라의 향기는 공기 속에 고요히 스며든다
부드러운 크림과 꼬들한 면발은 사랑의 속삭임처럼
서로 어우러지고
반짝이는 치즈는 따스히 우리를 감싸 안는다
그 맛은 행복의 조각이 되어 우리 영혼과 마음을
가득 채운다

## 42

## "책을 읽지 않으면 삶은 변하지 않는다"

우리는 너무 좁은 시야로 세상을 바라보고 있을지도 모른다
책은 다른 눈을 빌려주는 렌즈 낯선 사유의 초대장이다
남이 겪은 고민과 해법이 우리의 발걸음을 더 멀리 이끈다
다른 삶과 생각을 담은 활자들이 닫힌 사고의 문을 열어 넓은 세상으로 이끈다
그러나 읽지 않으면, 결국 삶은 변하지 않으리라

## 43

## "서울 자가에 대기업 다니는 김 부장 이야기"

대기업의 빛나는 간판 아래 김부장은 매일 갈등의 서사를 써 내려간다
성과와 돈의 무게는 그의 어깨를 짓눌렀다
사람 사이의 온기는 차가운 숫자로 바뀌었다
인간적 가치를 잃어가는 그 길에서 그는 스스로를 찾으려 애썼다
그의 이야기는 현대 사회의 이면을 비추는 우리의 이야기를 담아낸다

## 44

## "자연이 선물한 환상의 작품"

마당 파고라 천정에 드리운 이슬방울들
고요히 고운 빛을 머금는다
김창렬 화백의 물방울 그림 같은 선율
자연이 빚어낸 환상의 작품이여라
그 환상 속에 숨결이 춤추고 고요한 아침은 감사로 물든다

## 45

## "한우스테이크샐러드"

겉은 바삭 속은 촉촉 채끝살 한 점에
입안 가득 퍼지는 부드러움의 향연
초록빛 채소 위로 우아히 흐르는 발사믹 크림꼬끝을
감싸는 바질패스토 향
마음 깊은 곳까지 녹아드는 진정한 한우의 맛

## 46

## "시가 된 주말엔로제파스타"


상큼한 토마토소스와 부드러운 크림이 서로를
끌어안고
매콤함이 속삭이듯 입안을 간질인다
소스에 몸을 담근 베이컨 빛나는 파마산치즈 가루가
무심히 흩어져
입안 가득 신선함과 풍미의 울림으로
마음에 꽃잎처럼 감동이 핀다

## 47

## "버터로 볶은 밥 필라프"

버터가 녹아내리는 후라이팬 위에
마늘은 스스로를 태워 향을 피운다
밥과 야채 서로 엉키며 새로운 맛을 그릴 때
새우 김치 소고기는 저마다 다른 이야기를 들려준다
따스한 볶음밥 옆 어린잎채소 소시지 후라이된
계란의 꿈이 입안 가득 퍼진다

## 48

## "황홀한 장관, 수평선 너머로 퍼지는 저녁노을"

제주의 바다 노을에 물들어
주황빛 분홍빛 하늘과 바다가 하나 되어 스며들고
파도는 속삭이며 고요히 이야기를 읊조리며
짭조름한 바람은 추억을 실어 안겨주네
깊어가는 제주의 밤 영원히 머무는 꿈이 된다

## 49

## "두번째 주말엔스토리카페의 크리스마스"

혼돈의 세상에도 문은 활짝 열리고
주말엔스토리카페엔 따스한 불빛이 춤춘다
성탄의 의미가 커피 향에 스며들고
작은 불빛 아래 모인 웃음과 소망이 창가를
물들인다
모두의 마음에 행복의 종소리가 퍼져간다

## 50

## "새해 복 많이 받으세요"

한 해가 저물어가는 길목에서
추억은 따스히 마음을 채우고
주말엔스토리카페를 찾아 주신 모든 분들게
감사의 꽃 한 송이 마음에 가만히 올리며
2025년 행복과 사랑이 가득하시기를 빌어봅니다